Lerner SPORTS EN ESPAÑOL

LOS MEJORES JUGADORES DE TODOS LOS TIEMPOS

G.O.A.T. FIELDEADOR DE BÉISBOL

ALEXANDER LOWE

ediciones Lerner ◆ Mineápolis

ediciones Lerner
Una división de Lerner Publishing Group, Inc.
241 First Avenue North
Mineápolis, MN 55401, EE. UU.

Si desea averiguar acerca de niveles de lectura y para obtener más información, favor consultar este título en www.lernerbooks.com.

Fuente del texto del cuerpo principal: Aptifer Sans LT Pro.
Fuente proporcionada por Linotype AG.

Library of Congress Cataloging-in-Publication Data

Names: Lowe, Alexander, author.
Title: G.O.A.T. fieldeador de béisbol / Alexander Lowe.
Other titles: G.O.A.T. baseball outfielders. Spanish
Description: Minneapolis : ediciones Lerner, 2025. | Series: Los mejores jugadores de todos los tiempos | Includes bibliographical references and index. | Audience: Ages 7–11 | Audience: Grades 2–3 | Summary: "Prepare to explore one of the toughest questions in baseball: Who is the greatest outfielder of all time? Baseball boasts some of the world's best athletes. Learn how the top outfielders carried their teams to victory. Then make your own list of the greatest outfielders in MLB history! Go deep with stats and action-packed text to discover the best pro outfielders of the past and present in a fun, top-ten format. Study the evidence for yourself, and research your own G.O.A.T. list. Then have fun convincing your fellow baseball fans that your list is the best! Now in Spanish!"— Provided by publisher.
Identifiers: LCCN 2024021251 (print) | LCCN 2024021252 (ebook) | ISBN 9798765644003 (library binding) | ISBN 9798765661253 (paperback) | ISBN 9798765651544 (epub)
Subjects: LCSH: Outfielders (Baseball)—United States—Juvenile literature. | Outfielders (Baseball)—Rating of—United States—Juvenile literature. | Baseball—United States—History—Juvenile literature. | Baseball—United States—Statistics—Juvenile literature.
Classification: LCC GV865.A1 L6718 2025 (print) | LCC GV865.A1 (ebook) | DDC 796.357/25—dc23/eng/20240509

LC record available at https://lccn.loc.gov/2024021251
LC ebook record available at https://lccn.loc.gov/2024021252

Fabricado en los Estados Unidos de América
1-1010984-52434-6/4/2024

CONTENIDO

Con el sobrenombre Say Hey Kid por la amigable manera en la que saludaba a todos, Willie Mays tuvo casi 200 asistencias en carreras (lanzamientos que llevaron a outs).

LOS MEJORES FIELDEADORES EN LA HISTORIA DEL BÉISBOL

Los New York Giants se enfrentaron a los Cleveland Indians en el Juego 1 en la Serie Mundial de 1954. El juego estaba empatado al inicio del octavo inning. Vic Wertz bateó una bola profunda al jardín. La pelota voló unos 420 pies (128 m) hasta el jardín central. En la mayoría de los estadios, el hit hubiera sido un jonrón. Pero el estadio de los Giants era más grande que la mayoría. Había lugar para que cayera la pelota.

DATOS DE INTERÉS

- **BABE RUTH** TAMBIÉN ERA LANZADOR ANTES DE SER FIELDEADOR.
- **HANK AARON** TIENE EL RÉCORD DE LA MAYOR CANTIDAD DE APARICIONES EN EL JUEGO DE LAS ESTRELLAS.
- LOS TRES LÍDERES EN JONRONES EN SU CARRERA ERAN TODOS FIELDEADORES: **BARRY BONDS**, **HANK AARON** Y **BABE RUTH**.
- **KEN GRIFFEY JR.** HIZO UN JONRÓN EN EL JUEGO FINAL QUE SE LLEVÓ A CABO EN EL KINGDOME DE SEATTLE, WASHINGTON.

El fieldeador central de los Giants Willie Mays estaba cerca del diamante esperando que Wertz bateara una bola débil. Pero la pelota se elevó y llegó lejos en el jardín. Mays bajó la cabeza y corrió con rapidez hacia la pared. Justo antes de que la pelota tocara el piso, Mays estiró su guante para hacer la recepción increíble. Salvó el juego para su equipo.

Los fieldeadores de béisbol son grandes defensores. Las tres posiciones de fieldeador son por la izquierda, en el centro y por la derecha. Los jugadores en estas posiciones deben cubrir más de tres cuartos del campo de béisbol. Los fieldeadores son corredores veloces y deben saber hacia dónde se dirige la pelota. También necesitan brazos fuertes para hacer lanzamientos de más de 300 pies (91 m).

Los fieldeadores juegan en el césped más allá del diamante. Son responsables de la parte más grande del campo de juego durante un partido.

Ken Griffey Jr. sabía hacerlo todo. Era un gran bateador, un corredor veloz y un jugador defensivo sobresaliente.

Los fieldeadores son muy importantes en ofensa también. Algunos de los mejores bateadores de la historia del béisbol han sido fieldeadores. Muchos de los mejores jugadores para robar bases también han jugado como fieldeadores. ¡Los mejores fieldeadores han sido algunos de los mejores de todos los tiempos, o G.O.A.T!

Nro. 10 KEN GRIFFEY JR.

A los aficionados les encantaba mirar jugar a Ken Griffey Jr. The Kid se hizo famoso por su estilo relajado y su sonrisa característica. Griffey fue tan popular que un videojuego lleva su nombre.

Griffey es más conocido por el tiempo en el que estuvo con los Seattle Mariners. Aún es el líder del equipo de todos los tiempos en jonrones. Marcó un jonrón en el último partido disputado en el Kingdome, el antiguo estadio de Seattle. Terminó su carrera con 630 jonrones, lo que lo ubica en el séptimo lugar en la lista de todos los tiempos de la Liga Mayor de Béisbol (MLB).

Griffey era un jugador con cinco habilidades: podía correr, batear por promedio, batear con potencia, fildear y lanzar. Pocos jugadores en la historia de la MLB pudieron igualar las habilidades de Griffey en el plato y en el jardín.

ESTADÍSTICAS DE KEN GRIFFEY JR.

Promedio de bateo	0,284
Hits	2781
Jonrones	630
Cantidad de RBI	1836

Nro. 9 TED WILLIAMS

Muchos dicen que Ted Williams es el mejor bateador de todos los tiempos. Su porcentaje de 0,482 de bases por aparición en el plato es el mejor de la historia. Fue líder de la Liga Estadounidense (AL) en promedio de bateo seis veces y en jonrones cuatro veces.

En 1941, Williams tuvo un promedio de bateo de 0,406. Desde entonces, ningún bateador se ha acercado a ese promedio durante una temporada completa. Williams estaba obsesionado con el arte del bateo. Decía que quería ser el mejor bateador que haya vivido. Trabajaba sin descanso para alcanzar esa meta.

Las estadísticas de Williams podrían haber sido aún mejores, pero la Segunda Guerra Mundial (1939–1945) interrumpió su carrera. Williams dejó el béisbol durante tres años para servir en la Marina de Estados Unidos. Volvió a la MLB en 1946 y continuó jugando con un alto nivel. Ese año, logró 38 jonrones y ganó el premio de la AL al Jugador Más Valioso (MVP) por primera vez.

ESTADÍSTICAS DE TED WILLIAMS

Promedio de bateo	0,344
Hits	2654
Jonrones	521
Cantidad de RBI	1839

Nro. 8 ICHIRO SUZUKI

Ichiro Suzuki ya era una estrella en Japón cuando ingresó en la MLB en el año 2001. El fieldeador por la derecha estaba listo para hacer un impacto desde el primer día. Ichiro fue el único segundo jugador en la historia de la MLB que ganó tanto el premio al Novato del Año y el MVP en la misma temporada.

Ichiro no se detuvo después de su increíble año de novato. Hizo más de 200 hits en diez temporadas seguidas. Fue el líder de la AL en hits siete de esos años. Los hits combinados de Ichiro en Japón y en la MLB suman un total de 4367.

La grandeza de Ichiro no se limitaba solo a batear. Ganó diez Guantes de Oro. Este premio se entrega al mejor jugador defensivo en cada posición. Su velocidad le ayudó a llegar a pelotas que otros defensores no podían alcanzar. Su brazo fuerte hacía que los corredores en base tuvieran que pensarlo dos veces antes de ir por una base extra cuando la pelota se dirigía al jardín derecho.

ESTADÍSTICAS DE ICHIRO SUZUKI

Promedio de bateo	0,311
Hits en la MLB	3089
Jonrones	117
Cantidad de RBI	780

Nro. 7 MICKEY MANTLE

Los New York Yankees han tenido una larga lista de grandes jugadores. En la década de 1950, nadie era más popular que Mickey Mantle. Fue votado para jugar en el Juego de las Estrellas en 16 de sus 18 temporadas. Condujo a los Yankees a obtener siete títulos de la Serie Mundial. Ganó el premio MVP tres veces. Dos de esas fueron seguidas, en 1956 y 1957.

Mantle era conocido por su velocidad en el jardín y su potencia en el plato. Los Yankees fueron el primer equipo que midió las distancias de los jonrones. Comenzaron a hacerlo para tener un registro de los tiros largos de Mantle. Su swing, o movimiento de abanico, estaba diseñado para golpear la bola con potencia cada vez que bateaba. El swing de Mantle inspiró a generaciones enteras de futuros jugadores.

En su temporada como novato en 1951, Mantle se lesionó la rodilla en el segundo juego de la Serie Mundial. Tuvo muchas lesiones durante su carrera de 18 años. De igual manera, Mantle se ganó su lugar como uno de los G.O.A.T.

ESTADÍSTICAS DE MICKEY MANTLE

Promedio de bateo	0,298
Hits	2415
Jonrones	536
Cantidad de RBI	1509

Nro. 6

MIKE TROUT

Mike Trout es uno de los mejores jugadores completos en la MLB. Para cuando termine su carrera, es posible que acabe siendo el G.O.A.T. Desde el inicio de su carrera, Trout ha sido un jugador de elite. Terminó entre los mejores cinco de la votación para MVP en cada una de sus temporadas completas.

Las victorias por encima del reemplazo, o WAR, es una estadística que hace un seguimiento del valor general de un jugador. Determina cuántas victorias vale un jugador. Hasta sus 20 años, Trout tuvo una WAR más alta que ningún otro jugador en la historia. Ya ha sido líder en la AL en WAR cinco veces.

Trout no tiene puntos débiles. Sigue los batazos con facilidad. En el plato, batea tanto con potencia como por promedio. Trout tiene más de 200 bases robadas en su carrera. Ha participado en un Juego de las Estrellas en cada temporada completa en la que ha jugado. Ningún jugador actual puede compararse con la grandeza de Trout.

ESTADÍSTICAS DE MIKE TROUT

Promedio de bateo	0,305
Hits	1419
Jonrones	310
Cantidad de RBI	816

Nro. 5 TY COBB

Ty Cobb es uno de los bateadores más grandes que haya existido. No solo bateó por encima de 0,400 en tres temporadas diferentes con los Detroit Tigers, sino que también tiene el promedio de bateo más alto de la carrera en la historia de la MLB.

Cobb era especialmente conocido por su gran corrida de base. A pesar de haberse retirado hace casi 100 años, Cobb aún ocupa el cuarto lugar de todos los tiempos en bases robadas. Cobb es también el único jugador que fue líder de la liga en jonrones sin batear una pelota por encima de la cerca. Hizo el increíble número de nueve jonrones dentro del parque en una temporada.

Cuando se retiró, Cobb había marcado 90 récords en la MLB. Algunos se mantienen hasta hoy en día. Tiene el récord del promedio de bateo más alto en la carrera (0,367). Ganó el título de bateo de la AL 12 veces, más que ningún otro jugador. No se puede discutir la grandeza de Cobb.

ESTADÍSTICAS DE TY COBB

Promedio de bateo	0,367
Hits	4189
Jonrones	117
Cantidad de RBI	1944

Nro. 4 HANK AARON

Hammerin' Hank Aaron se retiró como el líder de todos los tiempos de la MLB en jonrones. Rompió un récord que había estado en pie durante más de 30 años. Aaron todavía está ubicado en el segundo lugar en la lista de la MLB de jonrones de todos los tiempos detrás de Barry Bonds.

El récord de Aaron en jonrones fue un hito para la igualdad racial en el béisbol Durante más de 50 años, los deportistas negros no tenían permitido jugar en la MLB. Eso terminó en el año 1947, cuando Jackie Robinson comenzó a jugar para los Brooklyn Dodgers. Aaron ingresó a la liga en 1954 y se convirtió en el campeón de los jonrones de la MLB en el año 1974.

Aaron es recordado como el Rey de los Jonrones, pero era mucho más que eso. Hizo más de 3000 hits que no fueron jonrón. Aún tiene el récord de cantidad de RBI en su carrera. Aaron hizo historia por ser nombrado para el Juego de las Estrellas el increíble número de 21 temporadas seguidas.

ESTADÍSTICAS DE HANK AARON

Promedio de bateo	0,305
Hits	3771
Jonrones	755
Cantidad de RBI	2297

Nro. 3 BARRY BONDS

Barry Bonds lo tenía todo. En los inicios de su carrera, era un gran defensor. Ganó cinco Guantes de Oro antes de cumplir 30 años. Corría rápido, lo que le permitió robar 52 bases en una sola temporada. Bonds tenía un movimiento de bateo poderoso. Terminó su carrera en la MLB como el campeón de todos los tiempos en jonrones de la liga.

Bonds estaba en su mejor momento en el año 2001. Marcó un nuevo record al convertir 73 jonrones. Los lanzadores de los equipos contrarios tenían miedo de enfrentar a Bonds. Registró 688 bases por bolas intencionales en su carrera. Algunas veces incluso hacía bases por bolas intencionales con las bases llenas. El equipo contrario prefería conceder una carrera que las cuatro que Bonds podía hacer con un jonrón.

Es posible que Bonds y otros jugadores de su época hayan utilizado esteroides para mejorar su rendimiento. Bonds dice que nunca los tomó a sabiendas. Nadie está seguro de hasta qué punto exactamente los esteroides pueden haber ayudado a Bonds cuando dominaba la liga durante su carrera.

ESTADÍSTICAS DE BARRY BONDS

Promedio de bateo	0,298
Hits	2935
Jonrones	762
Cantidad de RBI	1996

Nro. 2 BABE RUTH

Babe Ruth fue el jugador de béisbol más famoso que haya existido. El Gran Bambino era un bateador temido por su potencia. Su habilidad y fuerza con un bate cambiaron el juego para siempre.

Ruth fue líder de la MLB en jonrones 12 veces. En 1927, marcó un nuevo récord cuando llegó a los 60 jonrones. Su jonrón más famoso tuvo lugar en 1932. Ruth apuntó a la cerca del jardín central y golpeó el siguiente lanzamiento por encima de ella. Se retiró después de la temporada de 1935 como el líder en jonrones en su carrera.

Ruth no era solo un gran bateador. También era un lanzador talentoso. Hizo lanzamientos en un total de 163 partidos en su carrera. Pero sus mejores años fueron cuando jugó como fieldeador, momento en el que se convirtió en el bateador más dominante de la liga.

ESTADÍSTICAS DE BABE RUTH

Promedio de bateo	0,342
Hits	2873
Jonrones	714
Cantidad de RBI	2214

Nro. 1 WILLIE MAYS

Willie Mays es el jugador completo más grande que haya tenido el béisbol. Su combinación de ofensa y defensa no tiene rival. Tuvo muchas temporadas individuales grandiosas en su carrera de 22 años. También registró algunos de los mejores números en su carrera en la historia de la MLB.

Mays fue más conocido por su increíble defensa. La gente aún recuerda su recepción más famosa. Mays corrió casi 200 pies (61 m) hasta el jardín central y atrapó la pelota por encima del hombro. Juegos como ese le sucedían todo el tiempo a Mays. Ganó el Guante de Oro doce años seguidos.

Mays fue también uno de los bateadores más finos que alguna vez haya jugado el deporte. Terminó su carrera con 660 jonrones, lo que lo ubicaba en el tercer lugar cuando se retiró en 1973. Fue líder de la liga en WAR diez veces. Con el bate y en el campo, Mays probó que era el G.O.A.T.

ESTADÍSTICAS DE WILLIE MAYS

Promedio de bateo	0,302
Hits	3283
Jonrones	660
Cantidad de RBI	1903

AÚN MÁS G.O.A.T.

Muchos otros grandes jugadores han ocupado la posición de fieldeador. Elegir el G.O.A.T. es una tarea difícil. Aquí hay 10 jugadores más que casi llegan a la lista de los 10 mejores.

Nro. 11 TRIS SPEAKER

Nro. 12 RICKEY HENDERSON

Nro. 13 STAN MUSIAL

Nro. 14 FRANK ROBINSON

Nro. 15 ANDRUW JONES

Nro. 16 ROBERTO CLEMENTE

Nro. 17 JOE DIMAGGIO

Nro. 18 AL KALINE

Nro. 19 VLADIMIR GUERRERO

Nro. 20 TONY GWYNN

TU G.O.A.T.

Es tu turno de hacer una lista de los G.O.A.T. con los mejores fieldeadores de béisbol. Empieza por investigar. Considera las clasificaciones de este libro. A continuación, consulta la sección Más Información en la página 31. Explora los libros y sitios web para aprender más sobre los jugadores de béisbol del pasado y del presente.

También puedes buscar en Internet más información sobre grandes jugadores. Consulta a un bibliotecario, que puede tener otros recursos para ti. Incluso puedes intentar ponerte en contacto con equipos o jugadores de béisbol para ver qué opinan.

Una vez que hayas terminado, haz tu lista de los mejores fieldeadores de todos los tiempos. A continuación, pide a tus conocidos que hagan listas de sus G.O.A.T. y compárenlas. ¿Tienes jugadores que nadie incluyó en la lista? ¿Te falta alguno que tus amigos consideren importante? ¡Háblales e intenta convencerlos de que tu lista es la G.O.A.T.!

GLOSARIO

base por bola intencional: un avance a primera base concedido a un jugador de béisbol por el equipo contrario para evitar que el jugador batee

base robada: cuando un corredor avanza a una base sin que se haya golpeado la pelota

diamante: el área de un campo de béisbol rodeada por tres bases y el plato

esteroides: un fármaco que mejora el rendimiento

hito: un punto importante en el progreso

novato: jugador en el primer año de su carrera

porcentaje de bases por aparición en el plato: una estadística que indica la frecuencia con la que un bateador alcanza la base con un hit, un base por bola o por ser tocado por un lanzamiento

promedio de bateo: una estadística a la que se llega dividiendo la cantidad de veces en el bate por la cantidad de hits

RBI: una carrera en béisbol que está impulsada por un bateador

WAR: victorias por encima del reemplazo, una estadística que hace el seguimiento del valor de un jugador en comparación con un jugador promedio

MÁS INFORMACIÓN

Baseball Hall of Fame
https://baseballhall.org/

Burrell, Dean. *Baseball Biographies for Kids: The Greatest Players from the 1960s to Today.* Emeryville, CA: Rockridge Press, 2021.

Fishman, Jon M. *G.O.A.T. en el béisbol: Babe Ruth, Mike Trout y más.* Mineápolis: ediciones Lerner, 2023.

Hank Aaron Biography
https://mrnussbaum.com/hank-aaron-biography

Leed, Percy. *Hank Aaron: Home Run Hammer.* Mineápolis: Lerner Publications, 2022.

MLB: Kids Activities Page
https://www.mlb.com/fans/kids/activities

ÍNDICE

CRÉDITOS POR LAS FOTOGRAFÍAS

Créditos de las imágenes: Christof Koepsel/Staff/pngimg.com, p.3; Alamy, p.4; Gareth Owen/Wikimedia, p.5; Joseph Sohm/Shutterstock, p.6; Christian Petersen/Staff/Getty Images, p.7; Ezra Shaw/Staff/Getty Images, p.8; Stephen Dunn/Staff/Getty Images, p.9; Hulton Archive/Stringer/Getty Images, p.10; Alon Alexander/Alamy, p.11; Masterpress/Stringer/Getty Images, p.12; Jonathan Daniel/Stringer/Getty Images, p.13; Frederic Lewis/Staff/Getty Images, p.14; Hulton Archive/Stringer/Getty Images, p.15; Kevork Djansezian/Stringer/Getty Images, p.16; John McCoy/Stringer/Getty Images, p.17; Archive World/Alamy, p.18; Hulton Archive/Stringer/Getty Images, p.19; Everett Collection Historical/Alamy, p.20; BUD SKINNER/KRT/Newscom, p.21; Jed Jacobsohn/Staff/Getty Images, 22; Jonathan Daniel/Staff/Getty Images, p.23; Topical Press Agency/Stringer/Getty Images, p.24; Ewing Galloway/Newscom, p.25; Hulton Archive/Stringer/Getty Images, p.26; Archive Photos/Stringer/Getty Images, p.27; Nadezhda Shpiiakina/Shutterstock, fondo.

Portada: Otto Greule Jr/Stringer/Getty Images; Drew Hallowell/Stringer/Getty Images; Gergory Shamus/Staff/Getty Images; Nadezhda Shpiiankina/Shutterstock